RÉPONSE

A LA QUESTION SUIVANTE

SOUMISE

Ä LA IIe SECTION DU CONGRÈS

Pourquoi dans les conditions d'insalubrité ou Dax se trouve placée est-elle a peu près indemne de fièvres intermittentes?

ET

CONSIDÉRATIONS

SUR

LES BOUES VÉGÉTO-MINÉRALES ET THERMALES

DE DAX

Par M. Hector SERRES

DAX

IMPRIMERIE J. JUSTÈRE

24, BOULEVARD DE LA MARINE, 24.

1883

RÉPONSE

A LA QUESTION SUIVANTE

SOUMISE

A LA IIᵉ SECTION DU CONGRÈS

POURQUOI DANS LES CONDITIONS D'INSALUBRITÉ OU DAX SE TROUVE PLACÉE EST-ELLE A PEU PRÈS INDEMNE DE FIÈVRES INTERMITTENTES?

ET

CONSIDÉRATIONS

SUR

LES BOUES VÉGÉTO-MINÉRALES ET THERMALES

DE DAX

Par M. Hector SERRES

DAX

IMPRIMERIE J. JUSTÈRE

24, BOULEVARD DE LA MARINE, 24.

1883 

RÉPONSE

A LA QUESTION SUIVANTE

SOUMISE A LA 2ME SECTION DU CONGRÈS

POURQUOI DANS LES CONDITIONS D'INSALUBRITÉ OU DAX SE TROUVE PLACÉE EST-ELLE A PEU PRÈS INDEMNE DE FIÈVRES INTERMITTENTES?

MESSIEURS,

Cette question, dont quelques habitants de Dax se sont assez vivement émus, est on ne peut plus délicate, car elle implique l'existence d'un fait très-grave et non moins préjudiciable que compromettant. Si, par extraordinaire, j'avais été appelé à donner mon avis sur son opportunité, je me serais énergiquement opposé à ce qu'elle fut soumise au Congrès, et cela, par la seule raison qu'elle est basée sur un fait imaginaire, qui a existé, bien certainement, mais qui enfin a cessé d'être. La question étant donc intempestive, il n'y aurait pas lieu de s'en occuper. Toutefois, ne voulant pas lui opposer une fin de non recevoir, qui pourrait paraître suspecte, de la part d'un Dacquois surtout, je vais essayer de la résoudre.

Qu'il me soit permis de constater, préalablement, qu'un préjugé fort ancien fit longtemps de Dax un séjour très-malsain. Systématiquement, ce préjugé paraissait fondé, car le sol en étant généralement plat, bas, fréquemment submergé et conséquemment humide, y donnait lieu à des brouillards réputés insalubres.

D'autre part, bien que la tradition locale leur attribuât des propriétés

— 4 —

antisceptiques (1), des préventions défavorables du dehors s'étendaient également aux sources thermales (2). Dieu merci nous n'avons pas à la combattre aujourd'hui. Le temps a fait bonne justice des unes et des autres. Les livres qui les ont accréditées, sur la foi d'anciens témoignages, sans tenir aucun compte des progrès accomplis, ont eux-mêmes beaucoup vieilli, et l'expérience a démontré que l'air de Dax était non-seulement irréprochable, mais encore qu'il n'y en avait pas de meilleur. C'est que d'importantes améliorations, que la nature seconde, s'y effectuent incessamment et de très longue date. Déjà, même avant 1787, M. Grateloup, médecin de l'hôpital, en constatait, en les signalant, les bons effets et l'heureuse influence. Voici comment il s'exprime dans sa topographie de Dax (3). « Les courants d'air y sont
» plus sensibles et plus salutaires depuis les coupes immenses de
» bois qu'on y a faites............. Les inondations dont les suites
» tendaient à corrompre l'air deviennent moins considérables ; le sol
» par une progression lente mais continue s'élève insensiblement ; les
» débordements sont eux-mêmes la cause de cette élévation en couvrant
» la surface de la terre d'un limon gras et épais qui s'y fixe pour
» toujours. »

Par suite de ces exhaussements du sol, le teint des Dacquois, dont il attribue la pâleur particulière à l'humidité des terrains qui environnent la ville, lui paraît plus animé. Cet auteur ajoute que « malgré les
» apparences d'insalubrité de l'atmosphère, les habitants vivent
» longtemps ; les octogénaires sont multipliés, la population florissante
» et s'augmente chaque année. »

Plus de vingt ans après, Thore, envisageant la situation de Dax au même point de vue que son confrère, confirme l'exactitude de cette observation et s'exprime en ces termes : « Quant au sol qui environne
» la ville, considéré comme influent sur la santé, on peut assurer qu'il
» ne détermine jamais un nombre plus considérable de maladies que
» partout ailleurs, quand bien même le grand nombre de vieillards,
» qu'on distingue parmi nous, ne répondrait pas victorieusement à tout
» ce que pourraient faire conjecturer des apparences trompeuses (4). »

(1) THORE ET MEYRAC. — Mémoire sur les eaux thermales de Dax, page 23, (1809).

(2) Résumé de l'histoire du Béarn par M. Ader ; page 240.

(3) DULAURE.

(4) Mémoire sur les eaux de Dax par Thore et Meyrac, page 6.

Voilà qui est clair et catégorique.

Or, qu'elle était, indépendamment de tout voisinage, la situation particulière de Dax, à l'époque où Grateloup et Thore affirmaient qu'il n'y avait pas plus de maladies qu'ailleurs et qu'il y avait beaucoup d'octogénaires ? Quelle était cette même situation quand le Dr Vordo, parlant de Dax en 1851, écrivait que « l'air y est pur et sain, la vie bonne et à bon marché. (1) » Qu'était-elle, enfin, avant qu'on n'eut commencé à démolir les remparts, grosse affaire qui souleva tant d'orages et de récriminations ? Ce qu'elle était ? Le voici en quelques mots. Des quatre portes qui y donnaient accès, une seule avait les dimensions voulues pour le passage des grandes voitures ; les trois autres, étroites, basses, voûtées, marquées même, s'ouvraient sur des issues tortueuses. Les vents, chargés d'y purifier l'atmosphère, presqu'empêchés de toute part, semblaient borner leur rôle à lécher les toits des maisons. En été, avec ses rues étroites et ses maisons relativement hautes, la ville pouvait être comparée à une fournaise ; en hiver, c'était une espèce de caveau au sol humide et gluant.

Telle était la situation depuis quinze siècles, c'est-à-dire depuis la construction des remparts, quand les esprits éclairés, dont nous venons de citer les observations, ne s'arrêtant pas aux apparences et ne jugeant que d'après les faits acquis et dans une entière et loyale indépendance des hommes et des choses, affirment que Dax, sous le rapport de la salubrité, n'a rien à envier aux localités les plus favorisées.

Si ces savants d'élite voyaient aujourd'hui d'un côté, la ville embellie, méconnaissable, presque métamosphosée, et, d'autre part, les marais à peu près desséchés, convertis en riches potagers, en champs et en prairies fertiles, ils ne pourraient que protester contre une appréciation arbitraire, sans fondement, qui ne peut pas même s'appuyer sur des apparences, et qui, si elle pouvait être admise comme véritable nous ferait reculer de plus d'un siècle. S'ils revenaient et que la question qui nous agite plus que nous ne saurions l'agiter nous-même leur fut posée, il s'accorderaient à répondre, sans aucune espèce d'hésitation et avec le laconisme que j'ai connu à l'un d'eux : *Sublatâ causâ tollitur effectus.*

Comme nous venons de le constater, la question de constraste entre l'état sanitaire et les conditions d'apparente insalubrité n'est pas nouvelle ; soulevée bien des fois, elle le fut encore en 1857 dans un journal

---

(1) VERDO. — Précis sur les eaux minérales des Pyrénées (1851).

de la localité (1) et mise alors sur la voie d'une solution facile. Voici en effet ce qu'on peut y lire :

« Depuis un petit nombre d'années seulement, les progrès agricoles enlèvent les dangers d'un triste voisinage. Un marais tourbeux, situé au Sud-Est, est devenu un sol fertile et très productif. Les terrains bas, submergés, marécageux, qui limitent la ville au Sud-Ouest et dont elle n'est séparée que par le Pouy d'Eause, ont changé de nature par le fait de l'endiguement. Au Nord, le même moyen a fertilisé un marais très-étendu, et il ne reste pour compléter l'assainissement des terrains qui l'environnent qu'à réaliser pour le marais *communal* ce qui a été fait pour les trois autres ».

« Il est à remarquer, néanmoins, que malgré ce rapprochement qui l'expose à des miasmes délatères, l'état sanitaire de Dax a toujours été satisfaisant et que ses habitants n'ont jamais ressenti les effets de l'intoxication paludéenne, si commune dans le département des Landes. Les épidémies y sont en quelque sorte inconnues ».

Pour appuyer cette dernière assertion je m'emparai d'un fait récent des plus saillants et, personnifiant le choléra, je poursuivis en ces termes :

« En 1855, le choléra franchit les Pyrénées et promène sa faulx redoutable et hideusement cruelle de Pau à Bayonne. Il semble dans ses affreux caprices choisir ses victimes et, pour se rendre encore plus redoutable, s'arrêter particulièrement sur les lieux qui paraissaient inaccessibles à ces coups. Dans sa bizarre pérégrination, il jette un matin sur le port de Dax, au pied du bastion de la Marguerite, deux robustes bâteliers qu'il a amené de Peyrehorade. La panique que son apparition fait naître ne lui ouvre même pas les portes de la ville. Arrêté par les remparts et ne pouvant pénétrer dans leur enceinte, il va, dans son affreux dépit, lâchement s'abattre sur quelques maisons situées dans les bas quartiers de la ville, d'où il s'éloigne, honteux, après avoir fait quelques rares victimes au milieu d'une population pauvre, souffreteuse et dégénérée qui appelait la mort. »

» Quelles sont donc ces effluves salutaires qui ont de tout temps, si puissamment combattu les émanations insalubres du dehors et du dedans au centre d'une ville compacte, resserrée dans de hautes

(1) *L'Echo de l'Adour*, août, septembre, octobre 1857. *Dax au point de vue de ses eaux thermales et de son climat.* (H. S.)

murailles et dont les habitants semblaient croupir naguère encore dans un air immobile, humide, miasmatique, qui est aux êtres vivant à la surface du sol ce que l'eau bourbeuse des mares serait aux poissons des Gaves. »

« Ne cherchons pas dans les infiniment petits la solution de ce problème physiologique. Notons seulement que la population indigène est généralement aisée ; qu'elle paraît aimer le *comfort* et qu'elle pratique par goût ou par nécessité une hygiène préventive devenue proverbiale, hygiène parfaitement appropriée et très propre à combattre l'action débilitante d'un air humide et chaud. »

Substituant ma conviction au défaut de documents propres à démontrer que l'air de Dax a ce double caractère, je continuai comme il suit : « Mais les vents modifient singulièrement, et d'une manière bien avantageuse la constitution normale de notre atmosphère. Celui de l'ouest, qui est le vent dominant, sans rien changer à son état hygrométrique, lui communique tous les principes salins contenus dans l'eau de mer. Les vents du nord et du nord-ouest, en lui enlevant comme celui de l'est l'excédent d'humidité, y mêlent les émanations balsamiques qu'ils enlèvent aux forêts de pin et celles qui se dégagent aussi des usines où on fabrique les produits résineux. »

« Ces deux assertions trouveront peut-être des lecteurs incrédules. Il n'y a pourtant dans ce fait rien de bien surprenant ; car, du moment qu'on a découvert et démontré dans l'atmosphère de plusieurs grandes villes manufacturières des principes particuliers (1), qui n'y existent à la vérité qu'en proportion infinitésimales, mais qui par leur action continue altèrent la santé des habitants, on ne doit pas être surpris que les produits salins et les émanations dont nous venons de parler existent dans l'atmosphère de Dax, et qu'ils puissent y jouer conséquemment un rôle salutaire. »

« Ces principes en font réellement partie ; mais s'il nous a été facile de nous convaincre par nos propres essais et dans vingt circonstances différentes que l'eau de pluie donnait constamment à Dax des réactions franchement caractéristiques de l'existence des produits salins émanés de l'eau de mer, qui donc nous dira tous les autres secrets intimes de l'atmosphère de cette ville. »

Au printemps quand les végétaux ouvrent leurs coroles pour en répandre au dehors la poussière fécondante et que la pluie succède au

______

(1) A Paris l'hydrogène ; à Londres l'acide sulfureux.

vent d'ouest, du nord ou du nord-ouest, on y voit le sol se couvrir d'une poudre jaune extrêmement ténue. Ce phénomène qui était considéré, dans les temps d'ignorance comme une véritable pluie de soufre, mais qui doit être uniquement attribué au pollen des fleurs du pin maritime, suffit pour démontrer de la manière la plus évidente que les émanations balsamiques, permanentes dans les pignadars, arrivent fréquemment jusqu'à nous et quelles modifient sensiblement la propriété de l'air, tout aussi bien que certains miasmes qui ne sont pas plus coërcibles qu'elles et dont on ne peut, néanmoins, nier l'influence délétère. »

« Il y a donc dans l'atmosphère de Dax des émanations salines et balsamiques. »

Bornons ici cette citation déjà bien longue. Peut-être en examinant la situation actuelle, aurons-nous l'occasion de revenir au travail auquel nous l'avons empruntée. En attendant, voyons quelles sont les déductions qui découlent nécessairement de tout ce qui précède.

Il est de fait que lorsque Grateloup et Thore s'occupaient, chacun dans son temps, de la topographie de Dax au point de vue hygiénique et médical, les idées sur l'étiologie de la fièvre intermittente étaient les mêmes qu'actuellement, et que cette ville se trouvait alors dans des conditions d'insalubrité parfaitement établies en principe, et même telles qu'il y avait lieu d'être surpris que sa population fut indemne de la susdite fièvre. Mais puisque le danger de la situation se bornait alors à de simples préventions, la situation ayant complètement changé, ces préventions n'ont plus aucune raison d'être.

Malheureusement, il est de l'essence même des préjugés et de la tradition de se perpétuer en dépit des faits, du bon sens et de la saine raison et d'agir même sur les esprits les moins prévenus, quand elle est surtout de nature à jeter du discrédit ou de la défaveur sur les hommes ou sur les choses. En ce qui concerne Dax, par exemple, divers auteurs, sur la foi les uns des autres, et se répétant à plaisir jusques à nos jours, lui ont reproché son insalubrité ; à ses habitants la pâleur de leur teint, leur vie sédentaire et, de plus, leur inclination trop prononcée pour les plaisirs de la table ; mais je ne sache pas qu'aucun ait recherché la cause des particularités qui se rapportent à leurs mœurs ou à leurs habitudes, tout a consisté dans la contestation des faits plus ou moins bien observés. Il ne fallait pourtant pas un grand effort de génie ni de bien profondes études pour la découvrir ; car ces particularités se donnat la main et étant réciproquement la conséquence l'une de l'autre, le travail se bornait à trouver la cause de l'une d'elles. Par ce fait, la question eût été préventivement tranchée et nous n'aurions pas à nous en occuper aujourd'hui. Mais il devait appartenir à un profane, sinon de la résoudre, du moins de l'éclairer suffisamment pour qu'elle pût être discutée par d'autres et définitivement résolue.

Nous avons dit plus haut que les Dacquois pratiquaient par habitude une hygiène préventive très propre à paralyser l'action des miasmes délétères, déjà neutralisés en partie par les émanations balsamiques et salines répandues dans l'atmosphère. C'était dire, en ménageant leur légitime susceptibilité, ce que d'autres avaient écrit auparavant en termes formels, c'est-à-dire qu'ils étaient un peu trop adonnés aux plaisirs de la table. Mais je ne me donnai point le tort de leur en faire un grief; car, cet amour prononcé pour la bonne chère, comme celui qu'ils professaient pour la vie sédentaire, était une des nécessités de leur situation.

Ce serait faire injure au docte auditoire qui me fait l'honneur de m'écouter, de lui rappeler que le plus souvent — pour ne pas dire toujours — les usages, les mœurs et les habitudes des populations sont la conséquence forcée des conditions topographiques et climatériques dans lesquelles elles se trouvent placées. En ce qui concerne Dax, si jadis sa population était sédentaire, c'est qu'elle y était en quelque sorte physiquement et moralement contrainte.

Quels agréments pouvait-elle trouver en effet au dehors des remparts? Absolument aucun. Rien d'attrayant; rien pour égayer l'esprit; rien pour reposer agréablement la vue. Des sentiers étroits, tortueux, sablonneux ou couverts de boue, et pour perspective des marais et des bois impénétrables. Dans de pareilles conditions, la promenade était bien moins un plaisir qu'un véritable supplice. Aussi, s'en abstenait-elle. Cette réclusion, à laquelle elle s'était forcément résignée, n'étant pas de nature à relever son teint, elle conservait cette pâleur caractéristique, particulière aux prisonniers. Ne lui fallait-il donc pas un dédommagement quelconque à cette existence cloîtrée, si peu en harmonie avec l'organisation et les dispositions instinctives de la race humaine! Tout naturellement, elle l'avait trouvée à table, sans se douter d'abord qu'en combattant, par ce moyen, l'ennui inséparable d'une vie retirée et monotone, l'ennui qui tue infailliblement, elle atteignait en même temps au cœur et réduisait à l'impuissance un ennemi bien plus redoutable encore.

A Dax, il fallait manger, manger encore, manger toujours. Les habitants savaient autant par tradition que par expérience que c'était le meilleur et peut-être le seul moyen de triompher de l'ennemi qui les assiégeait de toute part. S'ils avaient pu l'oublier le proverbe indigène, spécialement applicable à la fièvre elle-même, et qui nous revient ici fort à propos, mais que nous ne saurions traduire, tant il a son cachet d'originalité pâtoise, le leur aurait rappelé.

Il fallait donc manger afin de se tonifier ; il fallait manger et s'y exciter au besoin. Aussi, l'ail, ce puissant stimulant et antiseptique, l'ail fébrifuge par excellence et non moins puissant prophylactique de la fièvre intermittente, entrait-il jusques à l'excès dans toutes les préparations culinaires. Cuit ou cru, on en mettait abondamment partout. Le légendaire chapon de Gascogne joua de très longue date ici un rôle considérable, car il était le déjeuner de la plupart des enfants, et constituait avec un verre de vin celui du peuple en général. Panacée universelle aux yeux de la population, c'est à ce condiment associé à une nourriture saine, abondante et substantielle, bien plus encore qu'à leur bonne constitution, comme on l'a prétendu, que les Dacquois furent redevables de leur triomphe sur un ennemi d'autant plus à craindre qu'il était non-seulement invisible, mais encore insaisissable.

Oui, je le répète, en observateur convaincu, c'est en cédant avec un certain entrain à cette tendance naturelle, instinctive, commune à tous les êtres organisés vivant ou végétant à la surface du globe, et qui les domine tous, sans exception, que les habitants de Dax parvinrent à en écarter les épidémies. C'est par la pratique de cette hygiène préventive qui y trouvait une satisfaction aussi attrayante que facile, que la ville de Dax, dont les ressources alimentaires sont immenses, des meilleures et des plus variées, dût, dans les conditions d'apparente insalubrité où elle se trouvait encore il y a une trentaine d'années, d'échapper à la fièvre intermittente et d'en avoir été, en tout temps comme aujourd'hui, à peu près indemne.

CONSIDÉRATIONS

SUR

Les Boues Végéto-Minérales et Thermales

DE DAX

Ainsi que le démontrent la tradition, la chronique locale et les écrits des auteurs qui ont parlé des eaux chaudes de Dax, les bains de boues furent, de tout temps, dans cette station, la base du traitement thermal (1), et c'est en très grande partie à cette espèce de bains que la capitale de l'ancienne Aquitaine fut redevable de sa réputation comme ville d'eaux (2).

La chose est tellement vraie que de la pratique et de l'habitude elle était passée dans le langage. C'est ainsi que, tandis qu'on allait aux eaux de Bagnères, aux bains de Tercis, de Barèges ou de telle ou telle autre localité, pour Dax c'était tout différent ; on n'y venait ni aux eaux, ni aux bains, mais bien tout particulièrement aux *boues*.

Et cependant, malgré les services qu'il ne cesse de rendre, malgré les cures extraordinaires dont vingt siècles furent les témoins impartiaux, cures souvent inespérées, vraiment miraculeuses, et qui se reproduisent journellement sous nos yeux, une école sourdement hostile, semant adroitement l'indifférence et le dégoût sur ce mode de

(1) Le 12 juillet 1712, Marie-Anne de Neubourg, veuve de Charles II, roi d'Espagne, vint à Dax pour y prendre *les boues*. (Chron. de Dax, manuscrit Cazenave et archives de la commune).

Les bains destinés aux malades sont de grands trous pleins d'*eau bourbeuse*. On emploie ces bains ou *boues* pour la guérison de plusieurs maladies. (Obs. de Phys. par M. de Secondat ; pages 4 et 24 (1750).

(2) La réputation que la station de Dax s'est acquise doit être attribuée aux *miracles* opérés par les *boues* minérales. (Traité des eaux minérales, par F.-R. Cantetbert (1762).

traitement, tendrait à le faire délaisser pour lui substituer tel ou tel des moyens ingénieux que l'hydrothérapie met à sa disposition.

Sans se préoccuper en aucune façon du préjudice multiple qui résulterait de cette substitution, les partisans de la dite école insinuent avec une apparente conviction, que dans le bain de boues, comme dans l'eau thermale, le seul agent actif et curatif est le calorique, d'où la conséquence logique qu'il peut sans inconvénient être supprimé, ou bien qu'une terre quelconque mélangée avec de l'eau commune, artificiellement chauffée, produirait partout les mêmes effets que les boues thermo-minérales naturelles. Autant vaudrait dire aux malades : N'allez ni à St-Amand, ni à Barbotan, ni à Dax ; restez paisiblement chez vous ; vous y trouverez sans déplacement les moyens curatifs spéciaux que ces stations thermales peuvent vous offrir.

Les promoteurs de cette doctrine, ont, même à Dax, d'assez fervents adeptes. A la vérité, il faut en convenir, les encouragements du dehors ne leur firent point défaut. En 1866 notamment, ils recevaient, sous une forme plus plaisante que sérieuse, mais d'une portée réelle, celui d'un organe de publicité fort autorisé, la *Gazette des eaux*. Dans un article plein d'humour et où l'esprit le plus fin et le plus dégagé pétillait à chaque ligne, malgré l'ingratitude du sujet ou son apparente stérilité, un de ses rédacteurs en voyage, sous le pseudonyme de *Viator*, se moque plaisamment de l'inventeur du bain de boues, et rendant un ironique hommage au courage du premier qui osa s'aventurer dans un de ces trous pleins du noir broquet, — c'est ainsi qu'il les qualifie — il le pose en véritable héros ; de même qu'il compare ses imitateurs aux moutons de Panurge. Si l'esprit pouvait s'analyser, j'analyserais certainement ici, pour la joie de mes lecteurs, ces lignes pleines de désinvolture consacrées à la ville thermale, à ses boues et à l'aménagement qu'on projetait alors pour celles des Thermes ; mais l'esprit ne s'analyse pas ; c'est de l'esprit et rien de plus.

Malgré cette qualité ou peut-être à cause de cette qualité même, le fond de l'article et l'interprétation dont il était surtout susceptible, m'ayant parus plus propres à nuire à la station qu'à lui être utile, je jugeai à propos, afin d'en conjurer le danger, d'adresser au rédacteur en chef du dit journal, tout en reconnaissant ses bonnes intentions, quelques observations propres à éclairer l'auteur ou l'inspirateur de la note sur l'origine des boues, leur régime et leurs aménagements divers. M. Germond de Lavigne voulut bien me remercier de ma communication et pousser même l'obligeance jusqu'à lui consacrer, en attendant son insertion retardée, disait-il, par l'abondance des matières, un entrefilet beaucoup trop élogieux.

Ma lettre n'ayant jamais été publiée même par extraits et ne pouvant conséquemment y renvoyer mon lecteur, je vais en reproduire ici la partie essentielle. Les intéressés y trouveront peut-être, sinon un renseignement utile, du moins un sujet de sérieuse méditation.

« A Dax les boues végéto-minérales et thermales présentent
» actuellement trois variétés et la voie s'ouvre à une quatrième qui, si
» on n'y veille, les absorbera toutes un jour au préjudice de la station.
» Dans leur état primitif et naturel elles sont formées en proportions
» variables de quatre éléments principaux complexes, savoir : 1° du
» limon déposé par les débordements de l'Adour ; 2° (hypothétiquement)
» du résidu de l'évaporation consistant principalement en carbonate de
» chaux et de magnésie, en sosquioxyde de fer converti en sulfure ;
» 3° d'un dépôt particulier analogue au précédent, provenant de l'action
» des oscillaires dont la grande avidité pour l'acide carbonique réduit
» et précipité à l'état de sous-carbonates les bi-carbonates terreux et de
» fer contenus dans l'eau thermale ; 4° de la substance même de ces
» corps organisés qui y naissent, vivent, meurent et s'y succèdent avec
» une abondance et une rapidité surprenantes. Quels que soient les
» aménagements auxquels elles aient été soumises, c'est dans cet état
» qui constitue la première variété que le hasard les offrit à ceux qui en
» firent les premières applications.

» A côté de cette première variété se placent tout naturellement,
» comme s'en rapprochant le plus sous tous les rapports, les boues
» abritées, et dont les réservoirs ne sont que le rayonnement même des
» griffons qui s'y trouvent comme captés. L'élément organique ne
» pouvant s'y produire faute de lumière solaire, on a ménagé dans leur
» voisinage des bassins à ciel ouvert, sujets au débordement de l'Adour
» et dans lesquels les oscillaires croissent en abondance. Quand
» celles-ci sont réduites à l'état de boue, on les répand dans les
» piscines afin d'entretenir leur activité primitive en leur restituant, à
» mesure qu'ils s'épuisent, leurs principes originels et l'élément
» organique en particulier.

» La troisième variété est représentée par des boues naturelles,
» logées dans des bassins de petite dimension, où elles sont maintenues
» dans leur état primitif de la même manière que les précédentes, dont

» elles ne diffèrent que par leur isolement de la source et parce qu'elles
» reçoivent l'eau thermale de haut en bas, ou par un léger courant qui
» se répand à la superficie sans guère pénétrer à l'intérieur, tandis que
» l'autre est incessamment traversée par un courant ascensionnel, ce
» qui est bien préférable.

» La quatrième variété qui n'existe pas encore, mais dont il est facile
» de prévoir la formation, comme nous l'avons dit plus haut, par la
» seule observation des tendances, variété qui résultera forcément de
» l'exhaussement et de l'occupation des terrains d'où les sources
» émergent, pourrait être représentée par des boues naturelles, déposées
» dans des bassins quelconques, comme les précédentes, mais qui,
» privées des ressources ordinaires, n'auraient pour se reconstituer et
» s'entretenir dans leur activité primitive qu'un courant d'eau thermale,
» soit ascendant, soit descendant ou superficiel. Cette variété
» incessamment lavée et dépouillée par cela même des principes
» organiques qui y entretiennent seuls des réactions dont l'importance
» n'est pas douteuse, puisqu'on leur doit la production du principe
» sulfureux, qui y joue, à notre sens, un rôle considérable comme agent
» thérapeutique, finirait par ne plus contenir, à part l'eau elle-même,
» que des éléments inertes, dont l'action purement mécanique, se
» réduirait à un simple massage, et tel qu'on pourrait l'obtenir partout
» ailleurs d'une argile calcaire quelconque. »

Voilà en ne les considérant qu'au seul point de vue de leur origine et
d'une classification basée sur l'aménagement, abstraction faite, alors
comme aujourd'hui, des établissements qui les utilisaient, mais qui
auraient pu facilement s'y reconnaître et se classer eux-mêmes. Voilà,
dis-je, une partie de ce que j'écrivais en 1866 au sujet des boues. Je
n'avais alors qu'un seul but, celui de prévenir tel ou tel mode
d'aménagement qui aurait pu avoir pour résultat d'en amoindrir les
vertus. Les conserver autant que possible dans les conditions de leur
type originel, telle était ma pensée, tel était le but indiqué, but qu'il
était aisé d'atteindre, tout en paraissant forcément s'en éloigner, par
l'exécution de travaux ou de constructions nécessaires à leur exploitation
et qui devait tôt ou tard changer l'état des choses. Or, ce type primitif
ou originel eut donc de tout temps pour base comme nous l'avons déjà dit,
le limon de l'Adour et le limon particulier à l'eau thermale, incessamment
produits et renouvelés sur les sources elles-mêmes et sous l'action
vivifiante des rayons solaires.

Soit conviction, soit amour du merveilleux, soit plutôt calcul de leur part, il y a des personnes qui, ne croyant pas devoir admettre comme réelle cette origine des boues, ne cessent de répéter qu'elles arrivent du sein de la terre et que ce sont de véritables éjections de nature volcanique, analogues sinon semblables au produit des salses, comme on en trouve aux environs de Modène et de Terra-Pilota en Sicile. Quoique cette opinion ne mérite sous aucun rapport d'être discutée, je prendrai néanmoins la peine de faire remarquer que les boues de Dax, dans aucune partie quelconque de la ville, sans même en excepter celles des fossés, ne reposent ni sur de petits, ni sur de grands cratères ; qu'on n'y remarque aucune espèce d'agitation, que les gaz qui s'en dégagent par intervalle, sans effort et sans bruit, sont presqu'entièrement formés d'azote, tandis que les salses sont sujettes à de véritables éruptions, dont les jets dépassent quelquefois deux mètres, et que les gaz qui les accompagnent sont inflammables.

Il est un autre fait que je ne puis passer sous silence et contre lequel ma conscience me fait un devoir de protester, c'est la qualification de naturelles qu'on se plaît à donner aux boues, comme s'il y avait entr'elles d'autres distinctions que celles que je viens de faire moi-même, ou enfin qu'il y en eut en réalité d'artificielles. Ce n'est pas à Dax, où elles ont toutes sans exception la même origine, qu'il faut chercher cette espèce ou variété. Que chacun vantant sa marchandise prétende qu'elle est meilleure que celle de tel ou tel de ses confrères, il n'y aurait à cela rien à reprendre, puisque sur toutes choses, chacun en fait autant ; mais s'attribuer ostensiblement, sans raison aucune, un caractère spécial pour le refuser aux autres et même les en dépouiller absolument, c'est pousser la chose un peu trop loin et s'exposer même à de très-légitimes représailles, qui pourraient bien avoir tôt ou tard des conséquences regrettables. Et en supposant même qu'il y en eut d'artificielles, cela prouverait-il contre leur efficacité ? Ignore-t-on donc que comme toutes les choses, douées de quelque mérite, les boues ont eu leur contrefaçon. M. Lullier Winslen nous apprend (1) qu'en 1743 celles de St-Amand furent imitées par Morand et que les épreuves qu'il fit à Lille et à Paris furent couronnées de succès ?

L'origine adourienne des boues, en ce qui se rapporte spécialement à leur partie solide, étant un fait patant, admis, désormais incontestable

____

(1) Dict. des sciences méd. T. 3. (1812).

il serait illogique de rechercher ailleurs que sur les bords du fleuve le berceau du bain dont elles sont l'élément absolu. Toute opinion contraire serait non-seulement en opposition avec les tendances naturelles, l'histoire de l'humanité et le simple bon sens, mais encore avec la tradition locale et populaire qui l'y place. Celle-ci fait même remonter le premier bain de boue ou plutôt la puissance de ses effets à l'époque de l'occupation de Dax, par l'armée romaine, sous le règne d'Auguste César, et attribue la gloire et le bénéfice de cette découverte à un chien rhumatisé, presque totalement perclus, que le hasard ou l'instinct particulier à sa race avait conduit dans l'un ou l'autre de ces trous ou cloaques, dont les berges de l'Adour étaient littéralement criblées.

On voudra bien remarquer que cette date constitue, à elle seule, un argument sérieux en faveur de l'opinion du *Viator* de la *Gazette des Eaux* qui croit lui que « c'est à Dax que le bain de boues fut inventé et » que St-Amand, Barbotan le bien nommé, Loèche et autres ne sont que » de modestes plagiaires. J'espère bien un jour, ajoute-t-il, avoir le » temps, l'histoire à la main, d'en établir la preuve. »

S'il m'était permis de m'associer aux recherches du spirituel écrivain, je dirais ici que Pline dans son chapitre de la diversité des eaux, après avoir placé celles de Dax en tête des plus remarquables (1), dit en outre dans celui où il traite en général de leurs usages et de leurs propriétés, qu'on emploie également leurs boues ou limons avec succès à la condition de la faire dessécher au soleil après s'en être frictionné ou les avoir appliquées sur la peau (2).

En traçant ces lignes, je me suis demandé à quelle station pourrait bien se rapporter l'observation de l'illustre naturaliste ; car, évidemment, ici comme en toutes choses, mais ici, particulièrement, la pratique devançant la théorie, il a fallu être témoin de la chose, l'avoir expérimentée ou vu expérimenter avant de la traduire en précepte. Or, n'ayant retrouvé, malgré les plus minutieuses recherches, ni dans le présent, ni dans le passé d'aucune des stations thermales possédant des boues, si ce n'est à Dax, le moindre indice ou la trace la plus légère de ce mode particulier de traitement, qui consiste à les faire sécher au soleil après s'en être enduit le corps, j'ai dû forcément en conclure que

(1) Emicant benignè passimque in plurimis terris, alibi frigidæ, alibi calidæ, alibi junctæ sicut in *Tarbellis aquitanica gente* (Pline lib. XXXI. Cap. 2.)

(2) Utuntur et cœno fontium ipsorum utiliter, sed ita si illitum sole inarescat. (Pline lib. XXXI. Cap. 6.)

c'est dans cette station que Pline ou ses commentateurs l'avaient observé.

Comme on le voit, toute s'accorde et concourt à démontrer, sans qu'il soit nécessaire de recourir à d'ingénieuses fables, qu'à Dax l'usage des bains de boues remonte à une haute antiquité. Mais aussi, il faut bien le reconnaître, nulle part au monde la nature ne l'avait autant favorisé, non seulement en en faisant tous les frais par une adroite, luxueuse et incomparable combinaison de ses éléments, mais encore par leur situation des plus favorables, dans un lieu des plus accessibles, très fréquenté, comme le sont et le furent en tout temps les bords non escarpés des rivières.

Qui ne se souvient encore de ces petits et grands cloaques, creusés dans l'onctueuse alluvion, traversés par l'eau thermale, mais disparus aujourd'hui sous le remblai et le pavé du pont? C'était le rendez-vous du peuple des campagnes. Là, chacun s'installant à sa guise dans toutes les postures, sous les yeux des passants, n'offrait souvent à la pudeur d'autre voile qu'un enduit de boue noire sulfureuse, dans laquelle il s'était plongé ou dont il s'était frictionné. On aurait pu croire, donnant ainsi raison, après 18 siècles, à l'opinion de Pline, qu'il la faisait sécher au soleil pour en activer les effets, tandis que s'il restait exposé à ses rayons, c'est qu'en réalité il lui était impossible faute d'abri de s'y soustraire.

Ces trous ou cloaques formaient autant de petits laboratoires ou des réactions ou des décompositions nécessaires s'opéraient incessamment. C'était le véritable état naturel des boues ; le médicament providentiel, le médicament par excellence. On y voyait naître et s'y développer, avec une rapidité surprenante, les algues ou limon qui contribue à en faire un agent thérapeutique si puissant. Maintenant l'état extérieur de cette partie du gisement thermal ayant totalement changé d'aspect, et n'étant plus le même, il serait impossible d'y vérifier le fait de l'origine des boues et de leur formation, si nous n'avions eu la prévoyance, en 1869, de faire concéder par la ville à la Société des Thermes la piscine publique appelée « *le trou des pauvres* » et sur laquelle j'avais appelé l'attention de l'administration municipale en 1848 (1).

Les soins dont cette piscine est devenue l'objet et la sollicitude qui s'attache à sa conservation suffisent pour en démontrer l'importance. On n'a pas oublié les immenses services qu'elle rendit aux indigents,

(1) *Echo de l'Adour* (voir).

ni que des malades de la classe élevée y trouvèrent souvent, à la faveur des ténèbres, une guérison vainement cherchée ailleurs. Quant aux griffons qui lui faisaient cortége, sans ajouter à sa renommée, ceux qui en étaient les plus rapprochés, au nombre de quatre, ont été captés dans un bassin commun d'où leurs eaux se répandent au dehors, par deux cannelles, à la température de 59°.

Voici d'ailleurs l'analyse des dites boues telle que nous la trouvons résumée dans un mémoire présenté à la Société d'Hydrologie de Paris, par MM. les docteurs Delmas et Larauza (1).

« Séchées à une température de 100° jusqu'à ce qu'elles aient cessé » de perdre de leur poids, elles m'ont fourni à l'analyse, dit M. Guyot-» Dannecy, les résultats suivants :

Silice.	796	51
Alumine	76	21
Proto-sulfure de fer.	29	31
Oxyde de fer.	24	68
Magnésie	46	32
Chlorure de sodium.	01	29
Matière organique combustible.	50	97
Iode		
Brôme	4	71
Potasse très sensible		
Perte.		
Boues séchées.	1,000	

En transcrivant cette analyse, j'y remarque l'absence absolue de toute espèce de sels de chaux. Ce fait étant contraire à mes prévisions et à ce que j'ai avancé ici et ailleurs, touchant le rôle des oscillaires dans la production des dépôts, j'ai jugé à propos d'en vérifier l'exactitude. Un simple essai qualitatif sur d'anciennes boues, soigneusement conservées, m'a démontré que le carbonate de chaux, tout aussi bien que celui de magnésie, entrait en quantité notable dans leur composition. Évidemment, cette omission ne peut être attribuée qu'à un oubli, à moins, toutefois, que l'auteur de l'analyse, dont la compétence n'est pas douteuse, ne soit tombé sur un échantillon qui n'en contenait pas, ce qui certes a bien pu arriver.

(1) Etude comparative sur les stations de boues minérales françaises et allemandes (Paris, 1872).

Ceci nous amène tout naturellement à déterminer la part contributive en éléments de chacun des deux limons composant les boues. D'un côté, la silice et l'alumine, qui en sont la base et comme l'excipient, sont fournies par l'Adour. Nous avons, d'autre part, la magnésie, la chaux et la majeure partie de la matière organique qui le sont par les algues, comme aussi l'iode et le brôme. Quant au fer, il a évidemment une double origine, celui que les algues enlèvent à l'eau thermale et celui qui se trouve normalement dans le limon adourien. On comprend, par ces détails, à quoi se réduiraient les boues si elles étaient privées du limon végétal qui naît dans l'eau thermale. Elles ne seraient dans ce cas que de l'argile à briques détrempée.

Mais il serait temps de savoir aussi quelle est ou plutôt qu'elles sont les algues qui constituent particulièrement le dit limon. Jusques à ces derniers temps, j'avais supposé qu'une seule espèce y jouait le rôle principal et presqu'absolu, tant elle avait absorbé mon attention par ses caractères saillants, la beauté de sa forme et l'éclat de ses teintes. Négligeant ses caractères intimes, et en ne la considérant guère que dans son habitat, j'avais cru devoir la rapporter à l'*oscillaria Greteloupii* (Bory) (1), et c'est dans cette conviction que je me suis plu, chaque fois que j'ai eu l'occasion d'en parler, à lui conserver ce nom spécifique, comme un légitime tribut d'hommages à la mémoire du savant, de l'ami, du compatriote qui honora Dax, sa ville natale, autant par ses qualités aimables que par ses travaux scientifiques et son amour de la science : J'ai dit Sylvestre de Greteloup.

Mais M. Paul Petit, le savant spécialiste, qui en a récemment donné une description (2), l'a reconnue, suivant Rabenhorst, pour l'*oscillaria tenuis* d'Agardh. Var. i calida. Il croit cependant que c'est une espèce distincte. Ce serait à son avis l'*oscillaria Calida*, ag. Il a constaté que cette algue tache le papier en bleu. J'ai fait la même remarque, il y a déjà bien longtemps. Cette coloration serait due à la phycocianine qui sort des cellules mortes, déchirées ou en voie de désorganisation. Non seulement l'algue dont il s'agit colore, dans certaines conditions d'existence, le papier en bleu, mais elle m'a même fourni des teintes roses, rougeâtres, violacées, plus ou moins vives, passant par degrés insensibles de l'une à l'autre de ces teintes et se confondant dans le

(1) Botanicum Gallicum, page 993. 6 Os : major.

(2) Bulletin de la Société botanique de France. — Tome xxvii, 1880, page 76.

même échantillon. Ce phénomène a été attribué à une modification de la matière colorante amenée par la putréfaction et à laquelle Nées d'Esenbeck, qui l'observa le premier, imposa le nom de Suprochrôme des deux mots grecs putride et couleur.

Ce n'est point ici le lieu de nous étendre à ce sujet, ni même de résumer les diverses opinions émises par les chimistes modernes sur les matières colorantes des algues. La question étant encore controversée et très compliquée, nous nous bornerons à rappeler que les recherches dont elles furent l'objet, à une époque relativement reculée, la firent attribuer à une substance voisine de l'albumine, à cause de son analogie avec la couleur retirée du blanc d'œuf, par Caventou et Bonastre à l'aide du traitement par l'acide hydrochlorique.

Quoique beaucoup moins remarquable que celle dont il vient d'être question, il est un autre oscillaire dont le rôle n'est pas moindre que le sien. Sans lui donner toute l'attention qu'elle méritait, je l'avais bien souvent rencontrée, çà et là, dans de petites rigoles d'écoulement; mais depuis que la température de la piscine des pauvres a été réduite au degré des bains ordinaires, c'est-à-dire depuis qu'elle marque de 32° à 37°, suivant le point de sa surface où on l'observe, elle l'a complètement envahie, et doit, conséquemment, occuper une place importante dans la formation du limon végétal. On n'a pas d'idée de sa force végétative ou de la rapidité de son développement. Son diamètre n'est que le tiers de celui de *l'os. calida* (P. Petit). Ses articles sont de moitié plus longs que leur diamètre. Sa couleur verte n'a rien de remarquable, différant encore en cela de sa congénère qui se distingue par une teinte variant du vert foncé éclatant au vert bleuâtre. On sait d'ailleurs que celle-ci a des mœurs différentes de l'autre et qu'elle se plaît tout particulièrement dans les sources ou réservoirs dont la température est de 45° ou oscille entre 36° et 50°, comme je l'ai indiqué (1).

Bien que sous certain rapport elle en soit inséparable, ne nous laissons pas plus longtemps distraire par cette question du sujet principal et revenons à nos boues.

Nous avons avancé, quelque part, que les boues de Dax formaient une espèce particulière n'ayant d'analogue que celle de Préchacq,

(1) *Journal des mines*, page 498 (1871). — Considération sur les eaux thermales de Dax. Bulletin de la Société de Borda, page 35 (1876).

village situé dans la vallée de l'Adour à trois lieues de Dax. Dans leur savant et consciencieux travail, MM. les docteurs Delmas et Larauza ont démontré la vérité de notre assertion et prouvé en outre que nulle part les boues médicinales ne réunissaient, comme chez nous, l'ensemble des caractères naturels qui en facilitent l'emploi. Pour ne les comparer qu'aux plus célèbres, nous ferons remarquer qu'à St-Amand on est obligé de les chauffer, leur température initiale étant trop basse et oscillant seulement entre 23° et 24°. Quant à celles de Franzensbad, elles subissent diverses manipulations consistant particulièrement, après les avoir enlevées de leurs gisements ou marécages qui les produisent, à les exposer à l'air pendant tout l'automne et l'hiver, puis à les dessécher ; après quoi on les pulvérise pour les utiliser suivant les besoins avec de l'eau chauffée. A Dax, au contraire, soit qu'on les utilise directement sur les griffons, soient qu'elles aient été déposées dans des piscines grandes ou petites, dans l'état même où la nature les produit, elles sont incessamment traversées par un courant d'eau thermale et maintenues à des températures qu'on peut faire varier à volonté et graduer suivant les indications.

Ne pouvant en expliquer la cause, et obligé de rester dans le domaine des faits touchant l'action des bains de boues, je me bornerai à répéter que dès que la chimie eut fait assez de progrès pour démontrer qu'aucune substance ne différenciait les eaux communes des eaux thermales, les observateurs qui constataient journellement l'efficacité de celles-ci furent tout naturellement portés à supposer qu'elles devaient contenir un agent insaisissable, une sorte d'esprit volatil qui n'existait pas dans les autres. Bien certainement, Chaptal partageait cette opinion quand il disait que ceux qui s'occupaient de l'examen des eaux minérales ne pouvaient qu'analyser leur cadavre. A plus forte raison, l'illustre savant aurait-il pu le dire en particulier des boues dont il est ici question et dont les effets sont si extraordinaires qu'ils portent à faire douter des propriétés des eaux elles-mêmes. L'idée que cet agent présumé pouvait bien être le fluide électrique, fut émise ensuite sous forme interrogative par le Dr Patissier. La question soulevée, il y a soixante ans par ce savant hydrologue a-t-elle été résolue ? Etranger à l'hydriatrie, je ne saurais le dire ; mais ce qui me paraît certain, c'est que cette idée a progressé et qu'elle s'est même beaucoup répandue, car le vulgaire attribue généralement à l'électricité le rôle principal dans l'action curative des eaux thermales. Si cette opinion est fondée, elle est encore bien plus applicable aux boues qu'aux eaux thermales elles-mêmes. Celles-ci, en effet, plus ou moins chargées du fluide originel, restent dans l'état où la nature les produit. Les principes qui les minéralisent, s'y trouvant dans un équilibre parfait, n'y donnent lieu ni à des décompositions, ni à des combinaisons nouvelles. Le temps, lui-même, n'apporte aucun changement à leur constitution. Dans les boues, au contraire, il se fait un travail incessant. Sous l'influence d'une température plus ou moins élevée, les éléments du limon minéral et ceux du limon végétal se dissocient pour donner lieu à des produits nouveaux, aussi, y avons-nous constaté la présence de l'acide sulfhydrique, de sulfites, d'hyposulfites et de sulfures, etc., qui n'y existaient pas originairement et qui sont le résultat de réactions bien connues, et dont la plupart se prêtent à des définitions faciles et certaines.

Or, on sait que les courants électriques sont en raison directe de l'action chimique, c'est tout autant qu'il en faut pour comprendre pourquoi on obtient de l'emploi des boues des effets très supérieurs à ceux obtenus par celui des eaux.

Mais, pour que ces réactions s'établissent dans les conditions et au degré voulus pour produire leurs effets électro-chimiques, il faut un certain laps de temps. Les deux limons réunis et immédiatement appliqués après leur réunion, sans élaboration préalable et d'une durée suffisante, n'ayant pas, conséquemment, acquis la vitalité nécessaire, ne produiraient certainement pas les effets qu'on peut sûrement attendre des vieilles boues. Telle est l'opinion de la *Gazette des eaux* (1). Telle est aussi celle de MM. les docteurs Delmas et Larauza (2). En ce qui me concerne, je ne puis que m'associer à cette manière de voir, mais en insistant d'une manière toute particulière, pour que des apports fréquents de nouvelles boues viennent remplacer dans les piscines, à mesure qu'ils s'épuisent, leurs éléments actifs et primitifs.

Je ne sais si j'en ai dit assez pour faire comprendre que, quels que soient les changements que les progrès de toute sorte puissent amener sur les lieux d'émergeance des sources, où les boues se produisent, il sera toujours facile de suppléer la nature et de les reconstituer partout ailleurs dans les conditions où elle les fournit.

(1) *Gazette des Eaux*, 12 avril 1866.

(2) Etude comparative des boues.

Il suffira pour cela de faire arriver sur un point donné, par des moyens quelconques, le limon adourien et l'eau thermale à une température qui, ne dépassant pas 45°, ne soit pas inférieure à 36°. Toutefois, il ne faudra jamais confondre la boue de la fontaine chaude avec la boue proprement dite, dont il est ici question. Dans le dépôt de la fontaine chaude, en effet, les carbonates de chaux et de magnésie sont les éléments principaux. A eux seuls ils en constituent presqu'entièrement la masse. Dans les autres, au contraire, c'est la silice et l'alumine qui dominent. Cela se conçoit aisément quand on considère que l'Adour, bornant forcément son rôle, — même en temps de débordement, — à refouler les eaux de la fontaine chaude, ne peut pénétrer lui-même dans le bassin pour y déposer son limon. Il suit de là que la silice et l'alumine, qui s'y trouvent en réalité, n'y existent qu'en très petite quantité et en grande partie accidentellement.

« La clinique de la station de Dax, disent MM. Delmas et Larauza, » ressemble à la fois à celles de Franzensbad, de Saint-Amand, de » Barbotan et de Néris, etc.

» On y traite avec succès à Dax, le rhumatisme simple ou goutteux, articulaire ou musculaire et souvent les lésions articulaires diverses plus ou moins graves conséquence de ces diathèses. On en obtient aussi d'excellents effets dans le traitement des lésions chroniques consécutives aux grands traumatismes, aux plaies par armes de guerre, de blessures graves, d'ulcères, d'*accidents syphilitiques* anciens.

» Les névralgies, surtout celle du nerf sciatique, les paralysies consécutives aux lésions des centres nerveux, au rhumatisme ou à l'hystérie, les affections névro-pathiques, les névroses, les chloroses, l'anémie, *les affections de l'organe utérin* se rencontrent encore très souvent à cette station thermale. »

Ce qui témoigne incontestablement surtout en faveur de leurs puissantes propriétés curatives, c'est le concours considérable de malades qui y venaient chercher leur guérison même au temps où il n'y avait encore aucun établissement. Il importe donc de réagir contre ces tendances de délaissement que nous avons signalées, car il y va d'un double intérêt, l'intérêt de l'humanité souffrante et celui de la fortune de la station. Il est hors de doute que les boues végéto-minérales et thermales de Dax sont, sinon un véritable trésor, du moins un des éléments les mieux éprouvés et des plus certains de la prospérité locale. Elles constituent une espèce distincte bien supérieure, sous une infinité de rapports, à leurs congénères de France et d'Allemagne, à ces dernières surtout, dont on tire pourtant un parti considérable. Aussi avons-nous de la peine à comprendre qu'on veuille les sacrifier légèrement à des méthodes insuffisamment éprouvées. Pourquoi donc, nous qui cherchons à imiter dans un foule d'institutions ces peuples Allemands, si éminemment pratiques, ne les imiterions-nous pas dans celles où il nous est si facile de les surpasser ; car il ne faut pas oublier que sous le rapport du climat, de la situation géographique ou de relation et des ressources de toute sorte qui lui sont propres, la ville de Dax a le droit d'être classée parmi les stations de premier ordre, et qu'il n'en est peut-être aucune qui possède, sous un ciel éminemment favorable, une richesse thermo-minérale supérieure à la sienne.

À peine connu, si ce n'est par de courtes et rares apparitions et le plus souvent dépourvu de sa blanche et caractéristique parure, l'hiver n'y apparaît ordinairement que comme un simple trait d'union étroitement placée entre un automne prolongé et un printemps précoce. Si pendant l'été, on est quelquefois autorisé à lui reprocher la pesanteur de son atmosphère, il est juste de reconnaître qu'en compensation la mer y envoie, fréquemment alors, sur l'aile animée d'une brise légère, mais parfaitement ressentie, ses vivifiantes et salutaires effluves.

Bien différente d'ailleurs de la plupart des villes d'eaux, dont la fortune, naturellement périodique, est tout aussi éventuelle qu'essentiellement éphémère, cette antique et célèbre station peut en tout temps, grâce à la douceur de son climat, tenir ses portes grandes ouvertes et recueillir sans cesse et à pleines mains les bénéfices d'une industrie balnéaire des plus considérables.

Comme station d'hiver, en particulier, elle offre au valétudinaire un excellent abri contre l'humide et froide saison, et c'est en vain qu'on chercherait en France un lieu moins accessible à ses rigueurs et où l'on puisse avec plus de sécurité en braver impunément les intempéries.

Ici, en effet, la température, relativement élevée, est en outre bien moins sujette qu'ailleurs à ces transitions brusques, intempestives, toujours redoutées, souvent funestes qui sont l'un des caractères saillants du climat maritime et du climat pyrénéen, beaucoup trop prônés. Que de phthysiques, en proie à des désordres que l'un ou l'autre avait provoqués n'ont dû qu'à la salutaire influence de l'atmosphère, éminemment sédative de Dax, un soulagement inespéré et vainement cherché ailleurs.

En outre de l'excellence de son climat, de la prodigieuse abondance de ses eaux, de leur efficacité bien connue, et notamment de celle de ses boues thermales, si justement vantées, comme aussi de tous ses autres avantages naturels, la station emprunte à ses ressources territoriales, qui sont immenses, puisqu'elles sont généralement exportées au loin, une importance toute particulière. N'est-elle pas en effet, le centre et l'entrepôt général d'une contrée des plus fertiles et des plus favorisées en produits alimentaires? Tout y afflue ; rien n'y manque, et nous ne craignons pas d'affirmer qu'il n'est aucune localité qui possède en propre plus d'éléments de bien-être matériel et où les choses de la vie soient meilleures et à meilleur marché.

Trop peu connu encore, malgré tout ce qui en a été déjà dit, cet heureux concours de circonstances que la nature s'est plue à grouper avec autant de bonheur que de prodigalité, constitue une situation pleine d'avenir, et Dax, qui n'en retire encore qu'un bénéfice relativement minime, a beaucoup à gagner à ce qu'il soit remis en évidence.

Y travailler, c'est donc servir à la fois deux intérêts dignes d'une égale sollicitude. C'est dans cette conviction que simple pionnier de la science, j'ai voulu y contribuer encore une fois, mais très probablement la dernière. L'occasion ne pourrait être ni plus favorable, ni mieux choisie, ni plus féconde ; car elle réunit, dans les murs de Dax et pour la gloire de la cité, des notabilités scientifiques et médicales, qui, comprenant leur haute mission et sa noble indépendance, sont à la recherche de tout ce qui peut être utile à l'humanité souffrante, et ne dédaignent aucun des moyens, si vulgaires qu'ils puissent paraître, de les délivrer des maux dont elle est affligée. Nous avons donc le ferme espoir qu'elles s'associeront à nos vœux et que la station de Dax continuera à grandir dans une progression croissante à partir de ce jour, jusqu'à ce qu'elle soit enfin parvenue au rang que la nature nous paraît lui avoir assigné.

Pour y aider efficacement, il importera que, de mieux en mieux éclairée, sur le rôle important de l'industrie balnéaire et sur l'influence qu'elle doit nécessairement exercer sur toutes les autres industries locales, il importera, dis-je, que l'administration lui accorde, à l'avenir, son concours intelligent, et une protection toute spéciale qui, malheureusement, lui fit trop longtemps défaut.

9 782329 651057